www.ingramcontent.com/pod-product-compliance
Lightning Source LLC
LaVergne TN
LVHW010407070526
838199LV00065B/5914
9789369087785

منافقوں میں روز و شب

مدحت الاختر

© Midhat-Ul-Akhtar
MunafiqoN mein Roz-o-Shab *(Poetry)*
by: Midhat-Ul-Akhtar
Edition: November '2024
Publisher :
Taemeer Publications LLC (Michigan, USA / Hyderabad, India)

ISBN 978-93-6908-778-5

مصنف یا ناشر کی پیشگی اجازت کے بغیر اس کتاب کا کوئی بھی حصہ کسی بھی شکل میں بشمول ویب سائٹ پر اَپ لوڈنگ کے لیے استعمال نہ کیا جائے۔ نیز اس کتاب پر کسی بھی قسم کے تنازع کو نمٹانے کا اختیار صرف حیدرآباد (تلنگانہ) کی عدلیہ کو ہو گا۔

© مدحت الاختر

کتاب	:	منافقوں میں روز و شب
مصنف	:	مدحت الاختر
صنف	:	شاعری
ناشر	:	تعمیر پبلی کیشنز (حیدرآباد، انڈیا)
سالِ اشاعت	:	۲۰۲۴ء
صفحات	:	۹۶
سرورق ڈیزائن	:	تعمیر ویب ڈیزائن

برادرِ بزرگ

ہدایت اللہ انصاری کے نام

مدحت الاختر کا شعری رویہ

جدید غزل کے آسمان پر ہمیں ایسی شکلیں نظر نہیں آتیں جنھیں مہر و ماہ سے تشبیہ دی جاسکے مگر اس آسمان پر یقیناً بڑی تعداد میں ایسے چھوٹے بڑے ستارے موجود ہیں جن کے چمکنے اور روشنی پھیلانے کا اپنا اپنا انداز ہے ایسے ہی ستاروں میں ایک نام مدحت الاختر کا ہے۔

مجھے اس سے کوئی غرض نہیں کہ مدحت الاختر کی شاعری ان کے کن ہم عصروں کی شاعری سے کتنی چھوٹی یا کتنی بڑی ہے۔ مجھے اس سے بھی کوئی غرض نہیں کہ ان کا زیر مطالعہ مجموعۂ کلام "منافقوں میں روز و شب" جدید شاعری میں یا پھر بحیثیت مجموعی پوری اردو شاعری میں "خوشگوار" یا "گرانقدر" اضافہ ہے یا نہیں۔ اس مختصر سی گفتگو میں بنیادی مسئلہ یہ دیکھنا ہے کہ مدحت کی شاعری کے خد و خال کن عناصر سے ترتیب پاتے ہیں۔ وہ کون سے تلازمے ہیں جو اس شاعری کو بھرپور توجہ سے پڑھنے پر مجبور کرتے ہیں اور یہ کہ منافقوں کے درمیان روز و شب گزارنے پر مجبور شاعر نے اپنے خیالات و افکار کی ترسیل کیلئے کس طرح کے عمومی شعری محاورے کا انتخاب کیا ہے۔

صنف غزل اپنی ہیئت کے اعتبار سے شاعروں پر کئی طرح کی پابندیاں عائد کر دیتی ہے۔ غزل گو شعراء کو اظہار کی وہ تمام سہولتیں اور آزادیاں حاصل نہیں ہوتیں جو نظم نگاروں کو حاصل ہوتی ہیں، اس کے باوجود ہر دور میں، ایسے دیوانے ملتے ہیں جو جان بوجھ کر اور بخوشی ان پابندیوں کو قبول کرتے ہیں اور تمام قیود و حدود کے باوجود نئے راستوں اور نئی منزلوں کی طرف قدم بڑھاتے ہیں اور اس طرح ہم عصر غزل کا کردار پیشرو غزل کے کردار سے بہت کچھ

مشابہت رکھنے کے باوجود بہت کچھ مختلف ہو جاتا ہے۔ یہاں یہ بھی عرض کر دوں کہ ہمارے آپ کے زمانے میں جبکہ بیشتر جدید شاعروں نے اپنے مافی الضمیر کے اظہار کیلئے غزل اور نظم دونوں کو برتا ہے، چند ایسے جدید شاعر بھی ہیں جنہیں صرف غزل سے ہی ذہنی مناسبت رہی ہے۔ مدحت الاختر بھی ایسے ہی شاعروں میں سے ایک ہیں اور اس سلسلے میں ان کا نام خاصی اہمیت کا حامل ہے۔

میرے ناچیز خیال میں اس شعری مجموعے کے آغاز میں موجود، قائم کا یہ شعر:

موافقت کی بہت شہریوں سے میں لیکن
وہی غزال ابھی رم رہا ہے آنکھوں میں

نہ صرف محبوب بلکہ صنف غزل کے تعلق سے بھی مدحت الاختر کے شعری اور ذہنی رویے کی نمایندگی کرتا ہے۔ وفاداری، دراصل مدحت کی شاعری اور شاعرانہ شخصیت دونوں ہی کی ایک اہم خصوصیت ہے جس سے ہم اس مجموعے میں جابجا نہ صرف دوچار بلکہ متاثر بھی ہوتے ہیں۔ یہ تاثر قاری اور شاعر کے بیچ کے فاصلے کو کم کر کے ایک خوشگوار ذہنی مناسبت اور یگانگت کی فضا پیدا کرتا ہے۔

اس موڑ پر یہ مفروضہ بھی غلط ثابت ہو جاتا ہے کہ جدید شاعر محض اپنی ذات کی بھول بھلیوں میں گم رہنا پسند کرتا ہے، اسے سماج اور اپنے آس پاس کے ماحول سے کوئی تعلق خاطر نہیں ہے، وہ اپنے انفرادی غم کو ہر دوسرے غم پر ترجیح دیتا ہے۔ اس قسم کے الزامات دراصل ان حضرات کی ادبی اور مادی ضرورتوں کی ایجاد ہیں جو سماج کے نام پر سماج کا استحصال کرتے آئے ہیں اور آج بھی پوری لگن اور محنت سے اپنے کام میں مصروف ہیں۔ مدحت الاختر کے اکثر اور بہترین اشعار میں سماج اور فرد الگ الگ اکائیوں کے طور پر ابھرنے کے بجائے ایک دوسرے سے گھل مل کر ایک ہو جاتے ہیں۔ مدحت اپنی عصری حسیت اور معاشرتی آگہی کا اظہار روایتی طور پر یعنی ایک تماشائی کی حیثیت سے نہیں بلکہ ایک ایسے حساس شخص کی

حیثیت سے کرتے ہیں جس کیلئے غیر شعوری سطح پر زندگی، سماج اور ماحول سب کچھ اس کی اپنی داخلی شخصیت کا حصہ ہیں۔ مدحت کی شاعری میں ہم عصر زندگی سے تعلق رکھنے والی بد نظمی، بے ترتیبی اور بے کیفی کی جو تصویریں بکھری نظر آتی ہیں وہ شاعر کی داخلی زندگی نیز اس کے داخلی و خارجی تجربات کا نا قابل تقسیم حصہ ہیں۔ فرد کی اندرونی زندگی کا ان کے یہاں جو ایک گہرا اور پر اسرار لینڈ سکیپ ملتا ہے وہ میرے نزدیک عام سماجی زندگی اور معاشرت سے ان کے گہرے اور واضح کمٹمنٹ کا اظہار ہے۔ اسی طرح ان کے شعری لہجے میں پایا جانے والا طنز، ردعمل کی شدت، در بین السطور میں موجود غصے کی لہر دراصل اس خوف اور بے بسی کے نتائج ہیں جن سے آج کا انسان دوچار ہے۔ ہمارے ماحول کی رگ رگ میں سرایت کی ہوئی گندگی اور زندگی ہر سطح پر خطرناک قسم کی سماجی ناانصافی اور عمومی ذہنی ابتذال کے تعلق سے مدحت کا اشتعال آمیز شعری رویہ ایک ایسا آئینہ ہے جس میں شاعر کے علاوہ ہم سب بھی، نہایت ہی واضح طور پر اپنا اپنا چہرہ دیکھ سکتے ہیں، اب یہ الگ بات ہے کہ ہم بے حسی کی اس منزل پر پہنچ چکے ہیں، کہ ہمیں اپنا یہ مسخ شدہ چہرہ بھی اچھا لگتا ہے۔

مدحت الاختر نے جابجا جس طرح خود اپنے حوالے سے پورے سماج پر طنز کیا ہے وہ ان کی فنکارانہ ایمان داری اور جرات کا ثبوت ہے۔

صرف موضوعات کے انتخاب اور برتاؤ میں ہی نہیں، بلکہ لسانی سطح پر بھی مجھے ان کی شاعری میں مشاہدات و تجربات پر مبنی ایسی معروضیت نظر آتی ہے جو جدید شاعری کا طرہ امتیاز ہے۔ مجرد الفاظ کو ان کے عمومی اور خالص لغوی مفہوم سے الگ کر کے نئے لسانی ڈھانچوں کی تشکیل، ضرورت پڑنے پر قواعد کے بندھے ٹکے اصولوں کو نظر انداز کر کے زیر سطح موجود معنوی رشتوں کی دریافت اور ان کی ترسیل، نئی نئی شعری ترکیبوں اور تشبیہوں کو خلق

کرنے کی عادت' تخئیلی اور مادی حقائق کے امتزاج سے شاعری میں ایک انوکھی جذباتی سطح تخلیق کرنے کی لگن وغیرہ وہ خصوصیتیں ہیں جن کے سبب قاری پر مدحت کی گرفت عموماً مضبوط رہتی ہے۔ اس پورے عمل میں ان کے یہاں یقیناً کمزور لمحے بھی آتے ہیں۔

'منافقوں میں روز و شب' کا مطالعہ کرتے ہوئے کہیں کہیں ایسا ضرور محسوس ہوتا ہے کہ شاعر ایک اچھوتے خیال اور موثر تجربے کو مناسب لسانی پیکر عطا نہیں کرسکا۔ کبھی یوں بھی لگتا ہے کہ لسانی پیکر تو بظاہر بے حد اسمارٹ اور چاق و چوبند ہے لیکن خیال بہت سطحی ہے۔ اسی طرح بعض اشعار ایسے ہیں جو کسی حقیقی یا علامتی معنیٰ یا خارجی و داخلی تجربے کی نشاندہی کرنے کے بجائے ذاتی مفروضوں کی حد سے آگے نہیں بڑھتے۔ بہرحال مجھے یہ تسلیم ہے کہ اس قسم کے کمزور لمحے کہیں کم کہیں زیادہ ہر چھوٹے بڑے شاعر کے یہاں نظر آجاتے ہیں۔

اس گفتگو کو ختم کرنے سے پہلے میں دو باتوں کی وضاحت کردینا چاہتا ہوں ایک تو یہ کہ میں نے اپنی اس مختصر سی تحریر میں مدحت الاختر کی شاعری کی تمام خوبیوں اور خامیوں کا احاطہ کرنے کی کوشش نہیں کی۔ دوسرے یہ کہ میں نے کسی بھی پہلو سے بحث کرتے ہوئے ثبوت کے طور پر ان کی غزلوں سے حوالے نہیں دئے ہیں۔ دونوں باتوں کی وجہ ایک ہے یعنی یہ کہ قاری اپنے طور پر 'منافقوں میں روز و شب' کو پڑھ سکے اور مدحت الاختر کی شاعری کے معنوی تلازمات کو دریافت کرسکے۔ اس عمل میں اگر قارئین کرام کو میرے ناچیز اور مختصر خیالات سے اختلاف ہو تو مجھے اور زیادہ خوشی ہوگی کیونکہ ادب اور ادب کی تنقید کا کاروبار یونہی آگے بڑھتا ہے۔ اتفاق رائے اور خصوصاً مکمل اتفاق رائے میرے نزدیک فاتحہ خوانی کا دوسرا نام ہے۔

بمبئی
۱۷ر نومبر ۱۹۸۰ء

فضیل جعفری

تو مپندار کہ این قصہ ز خود می گویم
گوش نزدیک لبم آر کہ آوازی ہست

نظیری

"منافقوں میں روز و شب" میرا پہلا شعری مجموعہ ہے۔ میرا سن پیدائش ۱۹۴۵ء ہے اور کلام کی باقاعدہ اشاعت کا سلسلہ ۱۹۶۵ء سے جاری ہے۔ ہمارے شعری ادب میں ۱۹۶۰ء کے بعد کا عرصہ اس اعتبار سے اہمیت رکھتا ہے کہ ایک طرف ترقی پسند ادبی تحریک مختلف وجوہ کی بنا پر انحطاط پذیر تھی اور دوسری طرف جدیدیت کا ادبی رجحان تیزی کے ساتھ ترقی اور مقبولیت کے مرحلے طے کر رہا تھا۔ اس صورت حال میں اس توانا ادبی رجحان سے میرا متاثر ہونا فطری تھا۔ یہ ادبی رجحان چونکہ کوئی منظم اور باقاعدہ ادبی تحریک نہیں تھا اس لیے بظاہر اختلافی مسائل کا شکار ہو گیا۔ میرا خیال ہے کہ جدیدیت ایک اضافی صفت ہے اس لیے ضروری نہیں کہ جدید اور اچھا ہم معنی ہو۔ میرے نزدیک ذہنی غیر مشروطیت اس رجحان کی نمایاں شناخت ہے۔ کسی بندھے ٹکے نظریے کا پابند رہ کر شعر گوئی کرنا فضول اور بے سود ہے۔ ہمارے بزرگوں نے اپنے گھروں کے دریچے ہواؤں کے رخ پر نہیں بنائے تو ہم اس غلطی کا اعادہ کیوں کریں؟ جدید شاعری پر جو مختلف الزامات عائد کئے جاتے ہیں۔ ان میں سے چند یہ ہیں کہ جدید فن کار اپنے معاشرے اور عہد کے حالات سے بے خبر ہیں، ان میں عصری آگہی کا فقدان ہے اور وہ اپنے عجز بیان کو چھپانے کے لئے

سانی شکست و ریخت سے تخلیقی عمل کا سہارا لیتے ہیں۔ میں ان کی صداقت کا قائل نہیں، میرے نزدیک روایت کا مطالعہ اور اس کی پاسداری بری نہیں لیکن تخلیقی عمل کی پیچیدگیوں اور تقاضوں سے عہدہ برآ ہونے کیلئے روایت سے انحراف بھی ناگزیر ہے۔ اسی طرح میرا ایمان ہے کہ جدید شاعری کی تفہیم و افہام قارئین کیلئے چنداں مشکل نہیں جنہوں نے اپنی روایتی شاعری کا مطالعہ غور و فکر اور وسعتِ نظر کے ساتھ کیا ہے۔

ان چند معروضات کے باوجود ہر شخص کو آزادیٔ رائے کا حق حاصل ہے

اس مجموعے کی اشاعت میرے مہربان مشفق محترم ڈاکٹر سید عبدالرحیم صاحب پرنسپل و صدر شعبۂ عربی، ناگپور مہاودیالیہ ناگپور کے بے پایاں خلوص پیہم اصرار اور عملی تعاون کا نتیجہ ہے۔ میں موصوف کا نہایت شکر گزار ہوں

محترم نفیس جعفری صاحب نے مسودے کے مطالعے اور اس پر اظہارِ خیال کی زحمت گوارا فرمائی، میرے دوست محمد غلام رسول اشرف نے اپنی انتہائی عدیم الفرصتی کے باوجود اس مجموعے کی کتابت کا فریضہ بتعجیل تمام انجام دیا اور برادرم شکیل اعجاز نے میرے ایک پیغام پر سرورق عنایت کیا۔ میں ان سب کا ممنون ہوں۔

نیا گودام، کامٹی
۲۵ر دسمبر ۱۹۸۰ء

مدحت الاختر

موافقت کی بہت شہریوں سے ہیں لیکن
وہی غزال ابھی رم رہا ہے آنکھوں میں

قائم

رنگ کیا چیز ہے خوشبو کیا ہے
پاس آئے تو کھلے تو کیا ہے

اپنی آواز کا زندانی ہوں
میرے معبود ! یہ جادو کیا ہے

بھول بیٹھا ہوں پرانے قصے
شاخ کیا چیز ہے آہو کیا ہے

رُوح اور جسم وہی ہیں دونوں
کس کو بتلاؤں کہ آنسو کیا ہے

جھنجھناتے ہیں یہاں سناٹے
میرے احساس کا گھنگھرو کیا ہے

آسمانوں پہ گزر ہے میرا
میرا ٹوٹا ہوا بازو کیا ہے

چار سو عکس ہیں تیرے لیکن
پاس آئے تو کھلے تو کیا ہے

شعر

اپنے کردار پہ پاسنگ نہ رکھ
دیکھ لیا کائے ترازو کیا ہے

ایک موتی نہ کبھی تہ سے نکالا ربی
اس سمندر کو عبث میں نے کھنگالا ربی

ان ہواؤں کے اشارے پہ زمیں چھوڑی تھی
ان ہواؤں نے مجھے خاک پہ ڈالا ربی

میں ہوں اک حرف صحیفوں کی بھری دنیا میں
اپنی پہچان کو دوں کس کا حوالہ ربی

میں اگر چاند نہیں ذرہ خاکی ہوں فقط
کیوں مرے گرد پڑا رہتا ہے ہالا ربی

زندگی بھر کے گناہوں کو بھلا بیٹھا ہوں
ایک نیکی سے ہوا سب کا ازالہ ربی

تو نے کس وقت مرے نام کا پتا توڑا
تھا مری ڈوبتی آنکھوں میں اجالا ربی

ستارے توڑ کے دیتا ہے آفتاب مجھے
دکھا رہا ہے وہ چہرہ عجیب خواب مجھے

میں ایک قطرۂ شبنم ہوں دامنِ گل پر
اٹھائے سیکڑوں نیزوں سے آفتاب مجھے

میں اپنے آپ میں پہلے تو یوں اسیر نہ تھا
ملا ہے کب کے گناہوں کا یہ عذاب مجھے

وہ ابر جسم کو شاداب کر گیا ورنہ
جھلس رہا تھا فضاؤں کا التہاب مجھے

میں اپنی خاک کے ذروں میں جا ملا مدحت
بلا رہا تھا بلندی سے ماہتاب مجھے

میں تو سایہ ہوں گھٹاؤں سے اترنے والا
ہے کوئی پیاس کے صحرا سے گزرنے والا

تو سمجھتا ہے مجھے حرف مکرر لیکن
میں صحیفہ ہوں ترے دل پہ اترنے والا

تو مجھے اپنی ہی آواز کا پابند نہ کر
میں تو نغمہ ہوں فضاؤں میں بکھرنے والا

اے بدلتے ہوئے موسم کے گریزاں پیکر
عکس دے جا کوئی آنکھوں میں ٹھہرنے والا

میں ہوں دیوار پہ لکھا ہوا کب سے لیکن
کوئی پڑھتا نہیں رستے سے گزرنے والا

جا رہا ہے ترے ہونٹوں کی تمنا لے کر
زندگی بھر تری آواز پہ مرنے والا

میں روز ایک نئی داستاں سناؤں گا
پھر اس کے بعد خموشی میں ڈوب جاؤں گا

سکوں ملے مجھے مٹی کی کوکھ میں شاید
میں مر گیا تو کبھی لوٹ کر نہ آؤں گا

وہ ڈور ہے تو مرے ہاتھ میں رہے گی سدا
پتنگ ہے تو ہوا میں اسے پہنچاؤں گا

جدا جدا ہیں لکیریں سبھی کے ہاتھوں کی
ہجوم میں بھی اکیلا ہی خود کو پاؤں گا

اگر نصیب ہوئی مجھ کو ایک بھی نیکی
میں اپنے سارے گناہوں کو بھول جاؤں گا

خلوتیں بیچ کے محفل کو خریدا جائے
اب تو آنکھوں سے یہ اندھیر نہ دیکھا جائے

میں ترا نقشِ قدم ہوں یہ بجا ہے لیکن
میری حسرت ہے مجھے اور سنوارا جائے

تیرا مذہب ہی ہنسانا ہے تو اے بادِ صبا
میں بھی غنچہ ہوں مجھے کیوں نہ ہنسایا جائے

ہم نے اس دل کو سنبھالا ہی یہ ہم سے پوچھو
کیسے گرتی ہوئی دیوار کو روکا جائے

جتنے شیشے ہیں وہ طاقوں میں اٹھا کر رکھ دو
جتنے پتھر ہیں انہیں جام میں ڈھالا جائے

کس کی آنکھوں سے اشک ڈھلکے ہیں
انجمن میں بڑے تہلکے ہیں

کاش تم میرے ہم سفر ہوتے
راہ میں دور تک دھند لکے ہیں

جو تری بزم میں پیے تھے کبھی
خلوتوں میں وہ اشک چھلکے ہیں

ہم ہی شاید گراں ہیں دنیا پر
آپ تو پھول سے بھی ہلکے ہیں

آج کی بات کیا کروں مدحت
میری آنکھوں میں خواب کل کے ہیں

چاندنی رات کا مجرم ہے سزا دو اس کو
بند کمرے میں وہ سویا ہے جگا دو اس کو

کیوں بھٹکتا ہی پھرے شہر کی سڑکوں پر عبث
آبلہ پا ہے وہ صحرا کا پتا دو اس کو

جب بہار آئے گی ہر پھول سنہرا ہوگا
درد سونا ہے زمینوں میں دبا دو اس کو

پیرہن بھیگ چکا میرے خیالوں کا بہت
اپنے جلتے ہوئے پیکر پہ سکھا دو اس کو

وہ اکیلا ہی تو اس دشت تمنا میں نہیں
اس کا سایہ بھی جھلستا ہے دکھا دو اس کو

صحرا صحرا پھول کھلا کر بیٹھ گئے
ہم دیوانے زخم سجا کر بیٹھ گئے

صبح یہ سوچا اب نہ تکیں گے ان کی راہ
شام ہوئی اور آس لگا کر بیٹھ گئے

بزم طرب کا سونا پن دیکھا نہ گیا
ہم آنسو کے دیپ جلا کر بیٹھ گئے

نکلے تھے پہچان کرانے اوروں کی
اپنی بھی پہچان گنوا کر بیٹھ گئے

سوچا تھا دکھ درد سنائیں گے اپنا
محفل میں ہم گیت سنا کر بیٹھ گئے

کھڑکیاں کھول کے باہر کا نظارہ کیجے
گھر میں جب کوئی نہ ہو یوں بھی گزارا کیجے

پھل ٹپکنے کو ہیں اتیار بھری شاخوں سے
دیر کس بات کی ہے آپ اشارہ کیجے

وہ کہے جھوٹ تو سچ جان کے خوش ہو جائیں
یہ تکلف بھی محبت میں گوارا کیجے

راہ چلتا ہوا ہر شخص ٹھٹک کر رہ جائے
یوں دریچے سے کسی کو نہ پکارا کیجے

عمر پینتیس ہوئی، آپ کا بچپن نہ گیا
آئینے میں یوں ہی مہتاب اتارا کیجے

کب اپنے کیے کا مجھے اقرار نہیں ہے
وہ سنگ اٹھائے جو گنہ گار نہیں ہے

روکیں گے کہاں تک تری یادوں کے سہارے
دل ہے کوئی گرتی ہوئی دیوار نہیں ہے

وہ گیت ہوں جس میں نہیں لفظوں کا گزر تک
وہ خواب ہوں جس میں کوئی کردار نہیں ہے

روتے ہیں مگر آنکھ سے آنسو نہیں بہتے
ہم سا کوئی دنیا میں ریا کار نہیں ہے

کیا حق ہے اسے دن کے اجالوں پہ جو مدحت
سورج کی طرح صبح سے بیدار نہیں ہے

میں دھند فضاؤں میں اڑا بھی ہوں گرا بھی
تھی قوتِ پرواز بھی اور خوفِ قضا بھی

میں اپنے ہی زندانِ طلسمی کا زبوں تھا
ہر چند تری شعبدہ کاری سے بچا بھی

لائی ہے کہاں مجھ کو طبیعت کی دو رنگی
دنیا کا طلبگار بھی دنیا سے خفا بھی

پابستۂ زنجیر ہوا چھوٹ گئے ہیں
موقوف ہوا سلسلۂ قتلِ نوا بھی

خوابیدہ لہو بازوئے پرواز میں جاگا
روشن ہوئی دھندلائی ہوئی زرد فضا بھی

آنکھیں ہیں مگر خواب سے محروم ہیں مدحت
تصویر کا رشتہ نہیں رنگوں سے ذرا بھی

میں عبث اس کو کہیں ڈھونڈا کیا
میرے ہی سینے میں تھا میرا خدا

دیوتا کہہ کر اسے سجدہ کیا
راستے میں جو نیا پتھر ملا

پتیاں شاخوں سے گر کر رہ گئیں
جانے کیا قاتل ہوا نے کہہ دیا

لو بڑھی جاتی تھی سورج کی طرف
شمع بجھ کر رہ گئی اچھا ہوا

دھوپ اس کے پاس آئی پھر بھی وہ
سر پہ چادر تان کر سوتا رہا

پیاسے ہی ندی میں ڈوب گئے
سیراب جو تھے ساحل پہ رہے

دھرتی ہے کہ پیاسی ہے اب تک
بادل تو برس کر تھم بھی گئے

ٹکر بھی رولا ہے محنت کا
موتی بھی ملے تو بھیک نہ لے

پھر آج سمندر بے کل ہے
ہے کوئی جو اس کا زہر پیے

صدیوں کی روایت ٹوٹ گئی
تاروں کا بھرم کھل جانے سے

آگ پوری کہاں بجھی ہے ابھی
دیدۂ تر کو تشنگی ہے ابھی

تو کہاں تک چلائے گا آرے
چھاؤں میری بہت گھنی ہے ابھی

دوستوں سے چکا رہا ہوں حساب
دشمنوں سے کہاں ٹھنی ہے ابھی

وہ صدا گونجتی ہے کانوں میں
ہر سنی بات ان سنی ہے ابھی

کاٹ دیں یہ بھی خود پرستی میں
اور تھوڑی سی زندگی ہے ابھی

کچھ پریشاں صبا ہے اب کے برس
جانے کیا گل کھلا ہے اب کے برس

چارہ سازوں کو مرحبا کہیئے
درد پھر لا دوا ہے اب کے برس

بزم در بزم جل رہے ہیں چراغ
پھر بھی ظلمت سوا ہے اب کے برس

کھو گیا اس نگاہ کا مضراب
سازِ دل بے نوا ہے اب کے برس

قافلے کی ذرا خبر رکھنا
راہبر کھو گیا ہے اب کے برس

جی بہلتا نہیں کسی صورت
جانے کیا ہو گیا ہے اب کے برس

چڑھتے سورج کی پوجا کریں
ڈوب جائے تو پھر کیا کریں

زندگی اب تو وہ چیز ہے
عمر بھر جس کو ترسا کریں

سارا پانی زمیں پی گئی
بادلوں کا گلہ کیا کریں

موت کا ڈر بھی جاتا رہا
زندگی اب بتا کیا کریں

رات خوابوں میں کٹتی رہے
دن کو تعبیر سوچا کریں

پھول آنگن میں کھلتے رہیں
بام و در جگمگایا کریں

آسماں پہ نظر ہو مگر
پاؤں دھرتی پہ رکھا کریں

سگرٹ جلا کے میں جو ذرا مطمئن ہوا
چاروں طرف سے اس کو بجھانے چلی ہوا

چاہا تھا جس کو چائے کی پیالی میں گھولنا
چمچے کی کپکپی سے وہی راز کھل گیا

کچھ دور تک تو پائے گئے اس کے نقشِ پا
پھر اس کے بعد پھیلتے پانی کا سلسلا

پرکار کا قصور تھا یا ہاتھ کی خطا
اک دائرہ ادھورا سا کاغذ پہ رہ گیا

پاگل ہوا بھٹکتی ہے گلیوں میں جا بجا
چاروں طرف ہے شہر میں کرفیو لگا ہوا

دیو قامت بنا ہوا گھوموں
اپنے قد کو مگر چھپا نہ سکوں

ٹیلی ویژن پہ ایک چہرہ ہے
کم سے کم اس کو دیکھ سکتا ہوں

ہٹ گیا ہوں مدار سے اپنے
اب میں یونہی خلا میں پھرتا ہوں

کب سے سوکھی پڑی ہے یہ دھرتی
میں کسی کے لہو کا پیاسا ہوں

عینکیں چور چور ہو جائیں
ننگی آنکھوں سے سب کو دیکھ سکوں

اپنی ہی ذات کے زنداں میں گرفتار ہوں میں
کون کہتا ہے زمانے کا گنہگار ہوں میں

شام آئے تو مجھے جانے کہاں لے جائے
میز پر رکھا ہوا صبح کا اخبار ہوں میں

دائرہ کھینچ کے خود اس سے نکل آیا ہوں
اپنے قرطاس سے رو ٹھی ہوئی پرکار ہوں میں

وہ سمندر مجھے آغوش میں لیتا ہی نہیں
ایک صحرا پہ برسنے کا گنہگار ہوں میں

میں بھی پیکر ہوں کسی گھر کی توانائی کا
یا کوئی ڈھلتا ہوا سایۂ دیوار ہوں میں

سینے میں ڈوبتے ہوئے ارمان کی طرح
انسان اب ہے سایۂ بے جان کی طرح

میں زندگی کے ساتھ ہوں اس کائنات میں
ہر لمحہ پھیلتے ہوئے امکان کی طرح

ساحل پہ اپنا نقشِ قدم چھوڑ جائیں گے
اٹھے ہیں ہم بھی موجۂ طوفان کی طرح

دنیا کھڑی ہے میری نگاہوں کے سامنے
بھولے ہوئے سے خواب کی پہچان کی طرح

اچھا کیا جو مار کے ٹھوکر جگا دیا
میں سو گیا تھا جادۂ ویران کی طرح

کھڑا ہوا ہوں سرِ رہ گزار بے معنی
مجھے کسی کا نہیں انتظار بے معنی

لغت کی قید سے الفاظ کو رہا کر دے
لگا رہا ہے ہوا میں قطار بے معنی

مجھے خبر نہیں سیلِ بلا کی راہ میں ہوں
بنا کے رکھا ہے لوحِ مزار بے معنی

ہماری راہ میں دیوارِ خواب آئی تھی
لکھ آئے لفظ وہاں بے شمار بے معنی

وہی ہے دوست جو دشمن کی آنکھ رکھتا ہو
نہیں یہ نکتہ طرازی تو پیار بے معنی

بدل گئی ہے ہواؤں کی سمت ہی مدحت
اٹھا ہے خاک سے میری غبار بے معنی

کوئی جواز تو ہو اس کے پاس جانے کا
نہ احتیاط کا عادی نہ میں ٹھکانے کا

میں اپنے آپ میں چھپ کر ہوا ہوں بے قیمت
مجھے گلہ نہیں شوکیس کے زمانے کا

اب آئے ہو مری زد پر تو پھر مزا بھی چکھو
کیا تھا حوصلہ کیوں مجھ کو آزمانے کا

کوئی چراغ ہی مل جائے جادوئی نہ سہی
میں بھول جاؤں گا قصہ نئے پرانے کا

کسی کے دیدۂ بے حس میں عکس ناب نہیں
کہ وقت آ گیا آئینہ ٹوٹ جانے کا

مزہ قیام میں جتنا ملا سفر میں نہ تھا
وہ اس لئے کہ کوئی سنگ رہ گزر میں نہ تھا

ہوا تھمی تو مری ے سنائی دی سب کو
مرا کمال فضاؤں کے شور و شر میں نہ تھا

نظر اٹھائی تو ہر چیز میں دکھائی دیا
وہ شخص آج سے پہلے جو میرے گھر میں نہ تھا

ہوا چلی تو بدن کیوں لرز اٹھا مدحت
میں اس سے پہلے تو اتنا کبھی خطر میں نہ تھا

ہر منظرِ وجود ہے پیشِ نظر ابھی
میں اپنے آپ سے ہوں مگر بے خبر ابھی

لوٹے گا وہ ابھی مجھے خاموش دیکھ کر
سب کو سنائی دیگی صدائے نظر ابھی

ایسا دیا جواب کہ پتھر بنا دیا
میں سوچ ہی رہا تھا سوالِ دگر ابھی

تحریرِ پس نوشت ہوں پڑھ کر تو دیکھ لو
کیوں پھینکنے چلے ہو مجھے پھاڑ کر ابھی

ڈھل جائے آفتاب تو یہ گھر بھی چھوڑ دوں
روکے ہے مجھ کو سایۂ دیوار و در ابھی

منتشر ایک قاش میں ہوں
میں شجر ہوں تو ہر تراش میں ہوں

میرے بازو ہیں میری مجبوری
میں ہواؤں کے ارتعاش میں ہوں

جانے کس نے مجھے اڑایا ہے
آج تک شاخ کی تلاش میں ہوں

سوچتا کچھ ہوں وہ اور کرتا کچھ
جانے کس رنگِ بود و باش میں ہوں

جانتا بھی نہیں ہوں نام اس کا
اور اسی شخص کی تلاش میں ہوں

دیکھتے رہ گئے سب دیکھنے والے مجھ کو
تیری آنکھوں نے کیا کس کے حوالے مجھ کو

میرے اظہار کا پرتو یہی تاریکی ہے
میں تو سایہ ہوں بھلا کون اجالے مجھ کو

تیرے قدموں میں گرا یوں کہ خبر تک نہ ہوئی
اس سے پہلے کہ بکھر جاؤں اٹھالے مجھ کو

میں اندھیرے میں چھپا بیٹھا ہوں آنکھیں پھوڑے
کوئی آواز ہی دے اور بلالے مجھ کو

دودھ کی نہر نکالی نہیں، سر پھوڑ لیا
کوہ کن کہہ کے چڑھاتے ہیں گوالے مجھ کو

غرقاب بھی کر دے تو کرو شکر کہ اب تو
دھرتی پہ برستا ہوا بادل نہیں ملتا

نیکی بھی کرے اور پھر احسان بھی مانے
ہم جیسا کوئی شہر میں پاگل نہیں ملتا

پھرتی ہے بھرے شہر میں سانپوں کی جماعت
یہ جس سے لپٹ جائیں وہ صندل نہیں ملتا

کل جا کے جہاں جشن منا آئی ہیں روحیں
جاتی ہیں وہاں آج تو جنگل نہیں ملتا

محور سے اتر جائے اگر لوح تعلق
گردش تو ملے ربط مسلسل نہیں ملتا

کانٹوں کا تاج اپنی جبیں پر سجائیے
ہے زندگی سے پیار تو مر کر دکھائیے

پربت پہ جل کے تان اڑانے سے فائدہ
بستی میں آ کے گیت کا جادو جگائیے

تاروں کی چھاؤں میں تو بہت دیر سو چکے
سورج کی روشنی میں ذرا جاگ جائیے

نغمے چھڑے ہوئے ہیں کوئی آہ کیا سُنے
محفل جمی ہے عرضِ طلب کو نہ جائیے

خود چل کے کیوں نہ ان سے ملاقات کیجئے
مدحت کسی کی راہ میں کیوں بیٹھ جائیے

کچھ ایسا بے کراں تھا سمندر گناہ کا
بیٹھا نہ آ کے کوئی پرندہ نواح کا

دروازہ بند کرتے ہو کیوں خواب گاہ کا
آسیب لوٹ جائیگا کیا اس کی چاہ کا

وہ بھی ہے پہلے لمس میں کھویا ہوا ابھی
منظر مجھے بھی یاد ہے پہلی کراہ کا

شائستگی میں پیار کی لذت نہ پا سکا
رہا ہوا تھا جسم ہوس کی نگاہ کا

رفتار نے اسے بھی تماشا بنا دیا
رکھتا نہیں حساب کوئی سال و ماہ کا

اپنے ماتم میں سیہ پوش ہوئے گھر کتنے
کون بتلائے کہ بے جسم ہوئے سر کتنے

صورتیں مٹ گئیں تکمیل سے پہلے کتنی
ٹوٹ کر رہ گئے ناساختہ پیکر کتنے

لوٹ کر لے گئے قزاق متاعِ خوبی
چیختے رہ گئے شہروں کے ثنا گر کتنے

کون اب دے کے لہو ان کو سرافراز کرے
سر بزانو ہیں درختانِ تناور کتنے

اب کوئی نقش اٹھاتا نہیں دل میں طوفاں
بے حس آنکھوں نے دکھائے ہیں منظر کتنے

کیا سناتی ہیں یہ بدمست ہوائیں مدحت
پھڑپھڑاتے ہیں دواروں پہ کلنڈر کتنے

جلتے ہوئے گھروں کی حکایات کہہ گئے
دیوار پر دھوئیں کے نشانات رہ گئے

بچے تو ہنستے کھیلتے واپس ہوئے مگر
حوریت کے گھروندے تھے لہروں میں بہہ گئے

آگے نکل گیا کوئی رفتارِ نور سے
ہم یوں ہی روز و شب کے تماشے میں رہ گئے

مدت ہوئی کسی نے اٹھایا تھا مسئلہ
رشتے رقابتوں کے گرہ در گرہ گئے

مدحت یہ دور قربِ قیامت کا دور ہے
سارے صحیفے اٹھ گئے الفاظ رہ گئے

بدن میں سوئے ہوئے لمس کو جگاتا ہوں
جہاں وہ بیٹھ کے اٹھتا ہے بیٹھ جاتا ہوں

میں اپنے آپ کو دہرا رہا ہوں صدیوں سے
مٹا مٹا کے یہی نقش پھر بناتا ہوں

یہاں صدا تو الگ، گم ہر سانس کی لے بھی
یہ اپنے آپ کو کن پتھروں میں پاتا ہوں

نکلنا چاہتا ہوں موج کے حصاروں سے
حباب بنتا ہوں اور بن کے ٹوٹ جاتا ہوں

بکھر نہ جاؤں کسی روز دشت میں مدحت
کہ مشکلوں ہی سے خود کو سمیٹ پاتا ہوں

سر پٹکتی ہوئی موجوں کا مقدر نہ ملا
میں وہ دریا کہ مجھے کوئی سمندر نہ ملا

سر پہ سورج ہے کڑی دھوپ میں جاری ہے سفر
مجھ کو سایہ بھی مرے قد کے برابر نہ ملا

لوٹ آیا ہوں تہی دست بھرے باغوں سے
پھل تو پیڑوں پہ بہت تھے کوئی پتھر نہ ملا

اس سمندر میں گرے چاروں طرف کے دریا
کون سا رنگ مری ذات کے اندر نہ ملا

گھر میں رہ کر ا نہیں معلوم نہیں گھر مدحت
مچھلیاں چیختی پھرتی ہیں سمندر نہ ملا

وہ چشم و لب کہاں کہ تمنا نکالیے
بوسہ ہوا میں اپنے لبوں سے اچھالیے

جو شاخ کٹ چکی ہے خود اپنے درخت سے
اب کیا اسے بہار کے دھوکے میں ڈالیے

دیوار توڑ کر نہ نکل جائے جسم کی
جو موج اٹھ رہی ہے لہو کی سنبھالیے

مدت کے بعد گھر کی خبر لی ہے آپ نے
بکھرے پڑے ہیں نیم کے پتے سنبھالیے

اچھا نہیں بدن کے تقاضوں کو بھولنا
یہ روگ اپنی روح میں ہرگز نہ پالیے

یوں قید ہوں کہ جسم کے محبس میں جان ہے
کہنے کو میرے سر پہ کھلا آسمان ہے

ہر پیڑ پر بنا ہے ہدف میرے واسطے
میں ہوں کہ میرے ہاتھ میں خالی کمان ہے

پگھلی جو برف خاک کی پستی میں جا گری
لیکن بلندیوں پہ ابھی تک چٹان ہے

شوکیس میں سجے ہوئے ملبوس کیا ہوئے
کیوں راہ میں جلی ہوئی اجڑی دکان ہے

شاید ادھر سے گزرا تھا بچپن میں، میں کبھی
ہر چیز پر بنا ہوا میرا نشان ہے

کیا تشنگی مٹے گی سمندر کو چوم کے
گھر اپنے لوٹ آئیں گے کچھ دیر گھوم کے

اب تک مرے لہو سے حرارت نہیں گئی
دیکھا تھا ایک بار اسے میں نے چوم کے

جو دائرہ بنایا تھا اپنے وجود کا
خود اس میں قید ہو گئی پرکار گھوم کے

جلتے ہیں کتنے شہر ترانوں کی گونج میں
باقی ہیں نقش آج بھی نیرو ئے روم کے

چاروں طرف ہیں سہمی ہوئی پتیوں کے ڈھیر
بکھرے پڑے ہیں نقش ہواؤں کی دھوم کے

(شکیب جلالی کی نذر)

جل جل کے پہلے راکھ ہوا پھر بکھر گیا
آتش جوان ہونے سے پہلے ہی مر گیا

یوں تو بلندیوں پر رہا میرا ہر قدم
جب اس نے پستیوں میں اتارا اتر گیا

وہ چاند تھا تو موج سمندر کو کھینچتا
کیا راز تھا کہ جھیل کی تہہ میں اتر گیا

مدحت کسی کا خواب بھی ریتی کا ڈھیر تھا
سو بار میں نے اس کو سمیٹا بکھر گیا

جس طرف دیکھئے صحرا نظر آتا ہے مجھے
ان گنت صدیوں کا بن باس ڈراتا ہے مجھے

تیر سا ٹوٹتا رہتا ہوں ہر اک پتھر پر
کون یہ اپنی کمانوں سے چلاتا ہے مجھے

کوئی آواز نہ مشعل نہ اشارا کوئی
راہ یہ کون اندھیرے میں دکھاتا ہے مجھے

وہ مسافر ہوں کہ پہنچا نہیں اپنے گھر تک
دیر سے روح کا ویرانہ بلاتا ہے مجھے

سامنے لشکر کھڑا ہے صاحبو
ہاتھ میں ٹوٹا عصا ہے صاحبو

بات کرنے میں زباں کٹ جائیگی
ہر کوئی واسوختہ ہے صاحبو

بن گئے قاتل بزعم خود شہید
کیا انوکھا سانحہ ہے صاحبو

سات حجروں میں نصیبہ قید ہے
آٹھواں دن کب ہوا ہے صاحبو

اپنے قد سے بھی عصا اونچا رکھو
یہ زمانہ دوسرا ہے صاحبو

ہے بسکہ لب و لہجہ پر آزار ہمارا
شائستۂ محفل نہیں اظہار ہمارا

کھلتا نہیں یہ راز کہ میں کون ہوں کیا ہوں
بے سود ہے ہر سلسلۂ کار ہمارا

پڑھتے ہیں اندھیرے میں کرم خوردہ کتابیں
کس کام کا ہے دیدۂ بیدار ہمارا

ہر عکس گریزاں ہے گرفت دل و جاں میں
یعنی ابھی ٹوٹا نہیں پندار ہمارا

پنبہ در گوش ہے ہر شخص یہاں کون سنے گا
میں سناتا ہوں مگر قصۂ جاں کون سنے گا

اپنی آواز سے بہرے ہوئے جاتے ہیں یہاں سب
ایسے عالم میں صدائے دگراں کون سنے گا

سب کو لے جائے گا آثار بلاخیز سکا لا دا
نظر آتا ہے پہاڑوں پہ دھواں کون سنے گا

ہر در و بام پہ آسیب کی تحریر لکھی ہے
میں سناتا ہوں اسے پڑھ کے کہاں کون سنے گا

میں بھی محدود مرا ذہن بھی محدود ہے مدحت
میری آواز گراں تا بہ کراں کون سنے گا

درد کیا چیز ہے آنسو کی حقیقت کیا ہے
آج جانا کہ ترے پیار کی قیمت کیا ہے

تو ہی جب گھر میں نہیں ذوق تکلف کیسا
اب در و بام کی آرائش و زینت کیا ہے

ایک اک گام پہ یادوں کو صدا دیتا ہوں
لوٹ آؤ کہ ابھی ترکِ رفاقت کیا ہے

دل دکھاتے ہیں یہ بے سود بہانے تیرے
صاف کہہ دے کہ : مجھے تیری ضرورت کیا ہے

کوئی پوچھے تو مجھے یاد بھی کیا آئے گا
لمس کیا چیز ہے ہونٹوں کی حلاوت کیا ہے

شہر ہو دشت ہو محفل ہو کہ تنہائی ہو
اب وہ اندیشۂ رسوائی الفت کیا ہے

میں بہت دور چلا جاؤں گا دنیا سے تری
آسماں سر پہ رہے گھر کی ضرورت کیا ہے

کوئی دنیا میں محبت کا خریدار نہیں
آخر اس جنس فرومایہ کی قیمت کیا ہے

کٹ گئی عمر محبت کے گماں پر مدحت
پوچھتا پھرتا ہوں اک اک سے محبت کیا ہے

منافقوں میں گزاروں یہ روز و شب کیسے
تعلقات سے دامن بچاؤں اب کیسے

مرا شعور مرے عیب کیا دکھائیگا
وہ آئینہ سہی دکھلائے گا عقب کیسے

میں برگ زرد ہوں کھلتا ہوا گلاب نہیں
مرے نصیب کو چومیں گے اس کے لب کیسے

ہر آئینہ مری سانسوں سے ہوگیا دھندلا
دکھائی دیگی مجھے اپنی شکل اب کیسے

ہوا کے ہاتھ نے حرفوں کے پر بھی کاٹ دیے
نہ جانے اس سے ملاقات ہوگی اب کیسے

تعلقات کا اظہار چاہیئے مدحت
سنائی دیگا اسے حرف زیر لب کیسے

جس راستے پہ پاؤں رکھا اس سے جا ملا
دنیا سے جب گریز کیا بھی تو کیا ملا

میرے سوا کسی سے نہ ملتا تھا وہ کبھی
میری ہی ضد میں ہر کس و ناکس سے جا ملا

ملتی مجھے نہ صحبتِ ناجنس کی سزا
دنیا کو خوب میرا سراغِ فنا ملا

نکلی نہ دل سے حسرتِ اظہارِ دشمنی
یعنی حریفِ جاں بھی مجھے ناسزا ملا

چاروں طرف بہار کے آثار تھے مگر
نقشِ نمونہ سبزۂ بیگانہ کا ملا

کسے خبر کوئی تلوار ہو سروں پہ ابھی
عجیب دھند سی چھائی ہے منظروں پہ ابھی

میں اپنی طبع کی افتاد سے پریشاں ہوں
جما نہیں ہے مرا رنگ ہمسروں پہ ابھی

ہر ایک سمت پرندوں کے غول اڑتے ہیں
پڑے گی پھر کوئی افتاد لشکروں پہ ابھی

میں دور ہی سے گزر جاؤں تو بچوں شاید
بلائیں گھومتی ہیں اپنے محوروں پہ ابھی

فضا کے خواب میں لیتے ہو سانس کیوں مدحت
زمین سخت ہے اڑتے کبوتروں پہ ابھی

جس کو دیکھا وہی چہرہ ترا چہرہ نکلا
اجنبی شہر بھی کیا طرفہ تماشا نکلا

معبدِ ذات میں کوئی بھی نہ تھا میرے سوا
میں خود اپنا ہی یہاں پوجنے والا نکلا

میرا دشمن بھی نہ تھا میری اداسے خالی
اپنے قدسے بھی سوالے کے عصا آ نکلا

نوکِ ہر خار پہ ہے میرے لہو کی لذت
دشت کا دشت مرے خون کا پیاسا نکلا

میں اسے دور کی آواز سمجھ بیٹھا تھا
وہ مرے پاؤں سے لپٹا ہوا سایہ نکلا

سورج کو چھو رہا تھا مرے ہات جل گئے
اچھا ہوا کہ حوصلے دل کے نکل گئے

اترا تھا آسماں سے فرشتوں کا طائفہ
رکھا ہی تھا زمیں پہ قدم سب بدل گئے

ہاتھوں سے ڈور چھوٹ گئی احتیاط کی
بے تابیوں کے جال سے پنچھی نکل گئے

ملتا نہیں سراغ صداؤں کی تھاہ کا
تھک تھک کے پتھروں میں بہت لوگ ڈھل گئے

بدلا نہ جسم و روح کا احساس کہنگی
دیوار پر ہزاروں کلنڈر بدل گئے

نقش دل سے نہ مٹا ذرہ برابر اس کا
ثبت ہے آج بھی دیوار پہ پیکر اس کا

میں نے ساحل سے اسے ڈوبتے دیکھا تھا فقط
مجھے غرقاب کرے گا یہی منظر اس کا

عکس بھی دیدۂ قاتل میں لہو بن کے رہا
قتل ہو کر بھی جما رنگ برابر اس کا

کربِ تنہائی ذرا روح سے نکلے تو سہی
منتظر ہے کوئی اس دشت کے باہر اس کا

جا چکا وہ تو سمندر کی تہوں میں مدحت
بیٹھ کر ریت پہ اب نام لکھا کر اس کا

بازدئے خستہ بہ تاکیدِ سفر دیتے ہیں
سیر کرنے کو نئی راہ گزر دیتے ہیں

اس نئے شہر میں ایسے بھی کئی چہرے ہیں
جو مجھے گم شدہ شہروں کی خبر دیتے ہیں

دل سے نکلا کبھی نہ تھا صحبت ناجنس کا غم
پھر اسی شخص کے آنے کی خبر دیتے ہیں

رخت جاں اپنا لٹاتے ہیں سفر کی خاطر
یعنی عفریت کو نذرانۂ سر دیتے ہیں

کوئی خطا ہمارے لئے بھول کر تو ہو
ہر چند بے گناہ سہی تم بشر تو ہو

پیغام زیر لب کوئی سنتا نہیں یہاں
سینے کی دھڑکنوں میں کوئی شور و شر تو ہو

ہر مرحلے پہ ایک بلندی ہے منتظر
معصوم چیونٹیوں کو کچھ اس کی خبر تو ہو

صدیوں کا کرب ایک ہی لمحے کی بات ہے
وہ لمحہ میری روح میں لیکن بسر تو ہو

ہر شخص بے مثال ہے اس کارگاہ میں
میرے سوا بھی کوئی یہاں بے ہنر تو ہو

رکھا ہے جسے گھر کے کواڑوں میں سجا کر
آواز اسے دیتے ہو کیوں دشت میں آ کر

کیا پیاس بجھے گی کہ بڑھی اور بھی خواہش
سگرٹ کو سلگتے ہوئے ہونٹوں میں دبا کر

بپھری ہوئی لہروں میں گھرا پاؤ گے خود کو
دیکھو گے اگر میرے جزیرے میں تم آ کر

مدت ہوئی جس بیج سے روٹھی ہیں گھٹائیں
بیٹھا ہوں اسے آج بھی مٹی میں دبا کر

میں ریت پہ لکھا ہوا اک حرف ہوں مدحت
لے جائے گی مجھ کو بھی کوئی موج بہا کر

(ناگپور کے سُشرُت اسپتال میں کہی گئی)

مٹی میں مل گئے وہ سیہ کار روز و شب
اب میں ہوں اپنے آپ سے بیزار روز و شب

گھولے تھے جتنے رنگ سیاہی میں ڈھل گئے
مٹنے لگے ہیں خون کے آثار روز و شب

ہوتا رہا نزولِ بلا ایک ایک پل
گھلتی رہی یقین کی دیوار روز و شب

ہر شخص اپنی اپنی صدا پھینک کر گیا
ڈھوتے رہو صداؤں کے انبار روز و شب

اترے گا ایک دن وہ مری روح میں ضرور
ہیں منتظر مرے در و دیوار روز و شب

مدحت ترے نہ ہونے سے محفل نہ ہوگی کیا
جاری رہے گا سلسلۂ کار روز و شب

کتنے خورشید بجھائے ہیں اسی پانی سے
آس باقی ہے ابھی خاک کی طغیانی سے

شاخ سے ٹوٹ کے آوارہ پھرا کرتا ہوں
کیا ملا مجھ کو ہواؤں کی ثنا خوانی سے

کس نئے لفظ سے اب روح کا اظہار کروں
سارے الفاظ ہوئے جاتے ہیں بے معنی سے

ہر صدا روح کی قاتل ہے اگر کھو جائے
جی لرزتا ہے صداؤں کی فراوانی سے

بس چمکنا ہی نہیں چاہتا یعنی مدحتؔ
زرد ہو جائیں گے چہرے مری تابانی سے

بہت عجیب ہے دنیا کسی کو کیا کہیئے
بس اپنے آپ کو ہر رنگ میں برا کہیئے

ہزار رنگ ہیں ہر رنگ کے تعاقب میں
ہر ایک چہرے کو چہروں کا سلسلہ کہیئے

ہمارا نام بھی شامل نہ ہو بزرگوں میں
سنا گئے ہیں وہ قصے کہ اور کیا کہیئے

ہوس کے کھیل میں بیٹھے ہیں ہار کر بازی
نہیں یہ ضد کہ ہمیں عشق آشنا کہیئے

ملے جلے بھی رہے اور جدا بھی تھے سب سے
اسی ادا کو ہنر اپنی ذات کا کہیئے

بے تکلف محفلوں میں دل نشینی چاہیے
یعنی کچھ غیبت کریں، کچھ نکتہ چینی چاہیے

آسمانی نعمتوں کے خواب کب تک دیکھیے
خاک زادوں کو کوئی راحت زمینی چاہیے

ہے ہر اک شے کیلئے قدرِ معین مختلف
چائے میٹھی اور صہبا تلخ پینی چاہیے

شکل جیسی ہے یہاں ویسی ہی آئیگی نظر
آئینہ خانے میں یعنی پیش بینی چاہیے

ملنے والے لاکھ ہوں پھر بھی خفا کوئی نہ ہو
یعنی ہونٹوں کا تبسم بھی مشینی چاہیے

رس بھرے خوابوں کا آئینہ دکھا کر لے گئی
چھت پہ سویا تھا پری اس کو اٹھا کر لے گئی

یوں نہ جاتی پھول کی خوشبو چمن سے دور تر
جانے کیا اس کو ہوا سمجھا بجھا کر لے گئی

کر رہی تھیں پاک سے روحیں غسل کن تالاب میں
ایک ڈائن آئی سب کپڑے اٹھا کر لے گئی

میں بھی اس انبوہ نامرداں میں شامل تھا مگر
ایک لڑکی مجھ کو جنگل میں بھگا کر لے گئی

گھر سے نکلا تھا تلاش ذات میں جب وہ ملی
جو دیا میں نے جلایا تھا بجھا کر لے گئی

پا گئی معصوم بچوں کے گھروندے ریت پر
ایک موج کم رواں سب کو بہا کر لے گئی

لبوں سے ایک اُس گالی دعا بن کر نکلتی ہے
تماشا دیکھنے کو روح پیراہن بدلتی ہے

فصیلوں سے لٹکتی ہیں چڑیلوں کی گھنی زلفیں
فضائیں منتظر ہیں اور سونی رات ڈھلتی ہے

چلو وہ سرپھری لڑکی کہاں جاتی ہے دیکھیں گے
جو سورج ڈوبتے ہی اپنے گھر سے آ نکلتی ہے

پڑی ہیں زندگی کے پاؤں میں کچھ ایسی زنجیریں
ہزاروں سال دم لیتی ہے تب دو گام چلتی ہے

"یہاں سے دور جنگل میں رہا کرتی ہے اک دیوی"
لہو اس کا ہماری زندگی چہرے پہ ملتی ہے

مقام سخت ہے لفظ و صدا کا مرحلہ مدحت
بڑی مشکل سے دل کی بات خاموشی میں ڈھلتی ہے

ے اختر انصاری

جس بات کا ڈر تھا وہی ہو کر رہی آخر
کشتی مجھے ساحل پہ ڈبو کر رہی آخر

غرقاب ہوئے سارے مناظر تہ آفاق
بارش مری آنکھوں کو بھگو کر رہی آخر

میں سنگ گراں تھا نہ ہٹا راہ سے تیری
بے سود ترے پاؤں کی ٹھوکر رہی آخر

بازار میں مٹی کے گھڑے تھے سبھی کچے
سازش مجھے لہروں میں ڈبو کر رہی آخر

اب میرا تعارف بھی ہے اوروں کی زبانی
دنیا مجھے رشتوں میں پرو کر رہی آخر

اپنی صدا سے قوتِ پرواز دے مجھے
میں تھک گیا ہوں دور سے آواز دے مجھے

یا میرا شہر پھونک کے نابود کر اسے
یا اپنے جنگلوں کا کوئی راز دے مجھے

کتنی صدائیں میری لکیروں میں قید ہیں
گردش میں لا کے صورتِ آواز دے مجھے

میں ختم ہو رہا ہوں ترے انتظار میں
آ اور پھر نیا کوئی آغاز دے مجھے

اڑتے کبوتروں کا تعاقب فضول ہے
سانسوں کے پر کترنے کی مقراض دے مجھے

ہوا میں حرف بنا کر اڑا دیا اس کو
وہ خواب تھا تو حقیقت بنا دیا اس کو

چمک رہا تھا ترا نام میرے ماتھے پر
ہوا نے حرفِ غلط سا مٹا دیا اس کو

جدا ہوا تو اسے اپنا عکس سونپ دیا
وہ رو رہا تھا کھلونا تھما دیا اس کو

جہاز میں نے اڑایا تھا بادلوں کی طرف
یہ کس نے دھوپ کے رستے لگا دیا اسکو

مرے زوال کی افواہ گرم تھی کب سے
تو آج میں نے حقیقت بنا دیا اسکو

قدم قدم پہ یہیں جان کا خطر ہے یہاں
چلو یہاں سے کہ تنہائیوں کا ڈر ہے یہاں

فرشتے خواب میں روتے ہیں مسکراتے نہیں
یہاں نہ سوؤ کہ آسیب کا اثر ہے یہاں

دکھائی دیتا نہیں دھند کے سوا کچھ بھی
اسی ملال سے ہر آنکھ بے نظر ہے یہاں

ہمارے چاروں طرف دھوپ کا تسلط ہے
پناہ لینے کو بس ایک ہی شجر ہے یہاں

پہاڑ اونٹ کے قامت سے خوف کھاتے ہیں
بلند و پست کی پہچان ہی دگر ہے یہاں

لب بستہ ہوں کہ میں کوئی واسوختہ نہیں
ورنہ مجھے بھی آپ سے کچھ کم گلہ نہیں

کٹھ پتلیوں کے رنگ یہاں ناچتے ہیں سب
کس ہاتھ میں ہے ڈور کوئی دیکھتا نہیں

چاروں طرف حصار ہے اپنی ہی ذات کا
آگے کہاں بڑھوں کہ کوئی راستہ نہیں

یہ کس نے باندھ رکھا ہے مجھ کو زمین سے
طوفاں اٹھے ہزار میں اب تک گرا نہیں

تیشہ اٹھا لیا تو کوئی نقش بھی بنے
یوں اس کو چھوڑ دینے میں مدحت مزا نہیں

لوح روشن نہ ہوئی مرحلہ طے کیسے ہو
اب اسی کرب کے عالم میں رہو جیسے ہو

آنکھ ملتے ہوئے دیکھا تو عجوبہ نکلے
خواب میں بھی نہیں سوچا تھا کہ تم ایسے ہو

دل کی حالت تو چھپائے نہیں چھپتی لیکن
کم سے کم پوچھ لیا ہوتا کہ تم کیسے ہو

سو سمندر بھی اب آنکھوں سے بہیں کیا حاصل
"جو شجر سوکھ گیا ہے وہ ہرا کیسے ہو" ؎

آج یوں اس سے خفا ہو کے چلا آیا ہوں
اپنے ہی عکس سے آئینہ خفا ہو جیسے

؎ شہزاد احمد

زرد، مرجھائے ہوئے، دھوپ کے مارے چہرے
کیوں مرے ساتھ چلے آئے تمہارے چہرے

روح میں جھانک کے دیکھا نہ کسی نے اب تک
ہو گئے مفت ہی بدنام بچارے چہرے

ایک ہی لمس نے باتوں کا بھرم کھول دیا
کتنے محتاط تھے پہلے یہ کنوارے چہرے

یہ الگ بات کہ پہچان گنوا بیٹھے ہیں
کیا یہ کم ہے کہ سلامت ہیں ہمارے چہرے

ہو چکی رات بہت راستہ تکتے ہوں گے
نیند میں ڈوبے فرشتوں کے دلارے چہرے

اس نمایش گاہ میں کب تک ہوس کاری کروں
لے کے تحفہ کوئی گھر چلنے کی تیاری کروں

سکۂ جعلی کو اپنی آستیں ہی میں رکھوں
راہ کے اندھے بھکاری سے نہ عیاری کروں

جاہلوں کے شہر میں سب سے بڑا جاہل ہوں میں
کیوں نہ اپنے نام کا سکہ یہاں جاری کروں

صاحبانِ شہر میں اتنی جسارت بھی کہاں
یہ بھی نیکی ہے جو اقرارِ گنہ گاری کروں

جسم اس کی گود میں ہو روح تیرے نذر ہو
فاحشہ کے گرم بستر پر ریا کاری کروں

یا خدا وہ زندگی کی آخری ہی سانس ہو
کوئی مجبوری نہ ہو اور خود سے غداری کروں

ایک ہم صورت فرشتہ رات بھر کہتا رہا
داستاں سننا نہ تھا میں، وہ مگر کہتا رہا

آج آئے درد کی شاخوں پہ رسوائی کے پھول
میں درختوں کو ابھی تک بے ثمر کہتا رہا

یاد اس کی آسمانوں پر پہنچ کر آئی ہے
ایک پاگل جو کہاں ہے میرا گھر کہتا رہا

اب تو وہ بھی دشمنوں کی دسترس میں جا چکا
کیا اسی دن کے لئے صحرا کو گھر کہتا رہا

جو بزرگوں نے سنائے اور تھک کر سو گئے
میں وہی قصے بالفاظ دگر کہتا رہا

ڈائنوں کے سامنے تنہا نکل آیا ہوں میں
لوگ آکر میرے لاشے کو اٹھالے جائینگے

زرد پتوں کو ہوا سے کھیلنے دیتے ہو کیوں
رس بھرے موسم کی شادابی چرالے جائینگے

آنے والے اپنے خوابوں کی نگہداری کریں
ہم تو پلکوں میں چھپا کر رتجگا لے جائینگے

ریت پر بکھری ہوئی ہیں اپنی ساری سیپیاں
اس طرف کے لوگ آئیں گے اٹھالے جائینگے

کچھ خیال آتا نہیں، ہم آگئے کیسے یہاں
کھو چکیں پہلے ہی یادیں اب حوالے جائینگے

روٹھ کر آیا ہوں اور یہ خوش خیالی ہے مجھے
وہ ابھی آئیں گے اور مجھ کو منالے جائینگے

ڈالی ڈالی ناچے بھوت
ٹپک پڑے سارے شہتوت

کیلیں ساری ختم ہوئیں
کھلے پڑے ہیں سب تابوت

نیچے گاڑے بیٹھا ہے
اک برگد ۔ بوڑھا، فرتوت

بس کاتا اور لے دوڑی
بڑھیا! کچا تیرا سوت

آنکھوں میں تتلیوں کے رنگ
انگلی سے لپٹی باروت

آج تک جو کچھ ہوا ہے خواب سا لگتا ہے سب
زندگی کیسے گزاری معجزہ لگتا ہے سب

یہ زباں کے خلیوں میں گھل گیا کیسا نمک
ذائقہ کڑوا کسیلا بے مزا لگتا ہے سب

اب کوئی پیکر نہیں جو رہ نمائی کر سکے
بے نظر پرچھائیوں کا سلسلہ لگتا ہے سب

کون میرے سامنے آئے گا جو مجھ سے کہے
آنکھ اٹھا کر دیکھیے کتنا بھلا لگتا ہے سب

پوری بستی میں منافق میں ہی تھا میرے سوا
شہرِ ایماں بے گناہ و بے ریا لگتا ہے سب

یہ فضا یہ شہر یہ سڑکیں دکانیں بام و در
بے حسی کی دھند میں لپٹا ہوا لگتا ہے سب

پرزے اڑے نہ شوخیٔ غالب ہوا ہوئی
ہاں صاحبانِ شہر! وہ افواہ کیا ہوئی

جس کی سیاہ زلف میں چاندی کے تار تھے
کرسی پہ وہ رکھی ہوئی تصویر کیا ہوئی

گونجی یہ کیسی چیخ فضا کے سکوت میں
شاید کسی درخت سے ڈالی جدا ہوئی

دیوار و در تو روک نہ سکتے تھے پاؤں کو
خوشبو ترے وجود کی زنجیرِ پا ہوئی

دیکھا تو دور دور کوئی ہم سفر نہ تھا
کیا موڑ تھا کہ جس پہ جوانی جدا ہوئی

رنگ و آہنگ زمانے سے جدا ہے اپنا
تو سمجھتا ہے جسے سنگ خدا ہے اپنا

کس کے حصے میں گئی اس کے کرم کی دولت
وہ تو ہر شخص کو محسوس ہوا ہے اپنا

ہم جہازوں کو کنارے ہی جلا آئے ہیں
اے سمندر سفر آغاز ہوا ہے اپنا

گالیاں دیتے ہوئے لوگ گزر جاتے ہیں
تو نے دیواروں پہ کیوں نام لکھا ہے اپنا

ایسے گم نام ہوئے تیری رفاقت کھو کر
آج ہر شخص پتا پوچھ رہا ہے اپنا

ہر کمینے کو ملی دولت دنیا مدحت
نیک روحوں میں مگر نام لکھا ہے اپنا

زندگی کم ہے کوئی کام بڑا کر جاؤں
دوسروں سے نہ سہی خود سے وفا کر جاؤں

آنے والوں کے قدم پھول سے نازک ہوں گے
کرچیاں راہ کی پلکوں سے ہٹا کر جاؤں

دیکھتے دیکھتے ہر چیز بدل جاتی ہے
جو بدلتی نہیں وہ شے بھی دکھا کر جاؤں

جتنا رنگوں کو مٹاتا ہوں ابھر آتے ہیں
کیسے تصویر کو بے رنگ بنا کر جاؤں

گھر میں اترے ہوئے معصوم فرشتوں کی قسم
اور کچھ کر نہیں سکتا تو دعا کر جاؤں

خوش رہو درد سے سرشار مقدس روحو!
کوچۂ غم میں فقیرانہ صدا کر جاؤں

بند ہوتی ہوئی آنکھوں کی چمک کہتی ہے
سب کی پلکوں پہ نئے خواب سجا کر جاؤں

تو نے کلیوں کو کھلایا نہیں جھلسایا ہے
کچھ ترا کام بھی اے بادِ صبا کر جاؤں

موت آئے تو رہے لب پہ تبسم مدحت
کاش ایسی کوئی نیکی بخدا کر جاؤں

مت چھپاؤ مجھ سے میری جان میں سب جانتا ہوں
زندگی کرنا نہیں آسان میں سب جانتا ہوں

مفلسی، بے روزگاری، گمرہی، مُردہ ضمیری
سَو بلائیں اور اک انسان میں سب جانتا ہوں

نیم کے پتوں میں کڑواہٹ ہواؤں کی بھری ہے
چائے کی پیالی میں ہے طوفان میں سب جانتا ہوں

ہاتھ میں بچوں کے پتھر ہے نہ دیوانے میں شورش
کیوں ہوا شہرِ وفا سنسان میں سب جانتا ہوں

آج تک یہ بھی نہیں معلوم کیوں جیتے ہیں مدحت
اور اس پر یہ گماں ہر آن میں سب جانتا ہوں

آئیں گے جو بزرگ کہانی سنائیں گے
اتنے سُنیں گے جھوٹ کہ سچ بھول جائیں گے

رہتے تھے ایک ساتھ تو کیوں ہو گئے جدا
بچے جواں ہوئے تو انہیں کیا بتائیں گے

کاغذ پہ اک درخت کی تصویر۔ اور یہ بحث
کس جا کھلیں گے پھول کہاں پھل اگائیں گے

ساحل کی ساری ریت عمارت میں لگ گئی
اب ہم کہاں سے اپنے گھروندے بنائیں گے

جاری رہے گا پھول پہ تتلی کا ڈولنا
اہرام کا نشاں بھی زمیں پر نہ پائیں گے

جاتے ہیں شاخ شاخ کو دیتے ہوئے دعا
آندھی سے بچ گئے تو اسی رت میں آئینگے

دیمک لگی لغت سے خفا ہو کے ایکدن
مفہوم کی تلاش میں الفاظ جائیں گے

ہزار آنکھوں سے رویا تری جدائی میں
نہ ہوگا میری طرح کوئی خود نمائی میں

تمام عمر کی محرومیوں کا مالک ہوں
لگاؤ اب کوئی حصہ مری کمائی میں

ذرا قریب سے دیکھوں تو چہرۂ قاتل
نہ اتنی دور سے یلغار کر لڑائی میں

خطا ہماری نہیں پھلجھڑی ہی گیلی تھی
بھری ہے آگ ابھی تک دیا سلائی میں

ہوا کے زد میں کچھ ایسا پر تپاک سے ہوا
چراغ اپنی ہی لو سے جھلس کے خاک ہوا

نہ جانے کون سے قصے یہاں لکھے جاتے
چلو کہ دفترِ ہستی ہی اپنا چاک ہوا

وہ شخص زیرۂ گل تھا کہ برگِ آوارہ
اڑا ہواؤں میں اتنا کہ زیرِ خاک ہوا

ہزاروں مر گئے نکلا نہ ایک بھی آنسو
یہ کس کا سانحہ یاروں کو دردناک ہوا

اسی کا نام لبوں پر ہے مدحت الاختر
زباں تراشی سے جس کو کبھی نہ باک ہوا

ملے گی بھیک ابھی محوِ انتظار رہیں
مزاحمت نہ کریں شاملِ قطار رہیں

ہوا سے کھیلتے رہنا برا نہیں لیکن
درخت اپنی جڑوں سے بھی ہم کنار رہیں

یہاں کے لوگ بڑے نیک دل محافظ ہیں
گناہ کرتے رہیں معذرت گزار رہیں

بھڑک کے اپنے گھروں کو جلا بھی سکتی ہے
ہم اپنی شمع کی لو سے بھی ہوشیار رہیں

ادھر چلا ہوں جدھر آج تک کوئی نہ گیا
اب آگے میں رہوں یا میرے غم گسار رہیں

(عبدالرحیم نشتر کے لئے)

سفر پہ یار جاتا ہے اپاہج کی دعا لے جا
ہنر خالی نہ جائے تیر ایسا بے خطا لے جا

گئے کچھ لوگ سکوں کی کھنک اس بزم میں لے کر
اگر تیری نوا میں کچھ اثر ہے تو نوا لے جا

کئی آنکھیں کہ تیرے لوٹنے کی منتظر بھی ہیں
ان آنکھوں میں جو ٹھہرا ہے وہ عکسِ مدعا لے جا

مری آنکھوں سے تیرے واسطے آنسو فقط نکلے
یہ آنسو ہیں کہ موتی ہیں زمانے کو دکھا لے جا

عجب کیا مل ہی جائے راستے میں جوہری کوئی
ہوا میں اپنے ہاتھوں سے یوں ہی موتی اچھالے جا

خدا رکھے سلامت تیرے ہونٹوں کے تبسم کو
تھکن کے واسطے اپنے تبسم کی دوا لے جا